MIRACLE ET SAVANTS

OUVRAGES DU MÊME AUTEUR :

LES MALHEURS DE LA PHILOSOPHIE.

ÉTUDES CRITIQUES DE PHILOSOPHIE CONTEMPORAINE,
1 beau vol. in-8°.. 6 fr.

Le même ouvrage, 1 vol. in-18 jésus................. 3 fr. 50

1444. — Abbeville. — Typ. et stér. Gustave Retaux.

MIRACLE ET SAVANTS

L'OBJECTION SCIENTIFIQUE

CONTRE

LE MIRACLE

PAR

J. DE BONNIOT S. J.

PARIS

BRAY ET RETAUX, LIBRAIRES-ÉDITEURS

82, RUE BONAPARTE, 82

1882

MIRACLE ET SAVANTS

Si la science, dans ses conclusions certaines, était opposée au miracle, l'on n'aurait qu'à s'incliner devant une telle autorité et à rejeter le surnaturel, comme l'on doit rejeter toute erreur ; car il n'y a point de vérité contre la vérité, ni de science sans la vérité : avoir la science, c'est savoir, et sans la vérité l'on ne sait rien. Malheureusement le nom de la science, nom presque sacré quand il est pur, est un nom, que l'on profane à l'envi. La vérité, immense en elle-même, est très bornée par rapport à nous ; ce que nous en apercevons et nous approprions est en réalité peu de chose, il faut l'avouer sans fausse humilité. Ce peu de chose est l'objet de notre science à nous, membres de l'humanité civilisée. Au-delà, s'étend à l'infini ce que nous ne savons pas : c'est là qu'habitent l'opinion, l'hypothèse et l'esprit de système, créant à plaisir des fantômes plus ou moins spécieux, en leur donnant un certain nombre de traits empruntés à la science. Ces apparences attirent et trompent les esprix inattentifs dont il est dit dans l'Écriture que leur nombre est infini. L'objection scientifique contre le miracle a vu le jour dans ce pays, qu'un écrivain anglais appelle plaisamment *Dreamland*, le royaume des rêves.

On appelle plus spécialement savants, de nos jours, les hommes qui font profession d'étudier la nature et ses lois. C'est du milieu de ces savants qu'est partie l'objection que nous nous proposons d'examiner ici. Mais il ne faudrait pas croire que tous ceux qui la propagent aient droit au même titre. Le plus souvent les incrédules n'ont de la science que le vernis, et, chose remarquable, l'incrédule met d'autant plus d'ardeur à invoquer la science, que ce vernis est moins solide. Les revues et surtout les journaux regorgent de pacotille scientifique, et l'on est saisi d'épouvante quand on voit la foule se détourner de Jésus-Christ pour croire sur parole des charlatans aussi effrontés. La foi raisonnable est abandonnée pour la foi stupide.

Nous devons examiner l'objection telle qu'elle est présentée par les véritables savants, et telle qu'elle est présentée par les savants qui ne sont pas véritables. Ce n'est point parmi les journalistes que nous choisirons le type de ces derniers: ils présentent trop peu de consistance pour qu'une réfutation puisse directement s'attaquer à eux. Un peu au-dessus, un écrivain s'est fait un nom qui le distingue parmi tous les incrédules à vernis scientifique. Cet homme, tristement célèbre, est M. Renan. On sait qu'il passe sa vie à chercher l'explication naturelle du christianisme, c'est-à-dire, à faire effort pour détruire la doctrine du miracle : il n'a guère ruiné que sa réputation de penseur intelligent. Nous ne pouvons nous adresser à personne qui soit pourvu de meilleure pacotille : c'est par l'examen de son objection soi-disant scientifique que nous allons commencer.

I

Dans son plus récent ouvrage, intitulé *Marc-Aurèle ou la fin du monde antique*, M. Renan nous fait lire les paroles suivantes (pp. 637, 638) : « Une autre cause a miné fortement, de nos jours, la religion que nos aïeux pratiquèrent avec un si plein contentement. La négation du surnaturel est devenue un dogme absolu pour tout esprit cultivé. L'histoire du monde physique et du monde moral nous apparaît comme un développement ayant ses causes en lui-même et excluant le miracle, c'est-à-dire l'intervention de volontés particulières réfléchies. Or, au point de vue du christianisme, l'histoire du monde n'est qu'une série de miracles. La création, l'histoire du peuple Juif, le rôle de Jésus, même passés au creuset de l'exégèse la plus libérale, laissent un reliquat de surnaturel qu'aucune opération ne peut ni supprimer, ni transformer. Les religions sémitiques monothéistes sont au fond ennemies de la science physique, qui

1.

leur paraît une diminution, presque une négation de Dieu. Dieu a tout fait et fait tout encore, voilà leur universelle explication. Le christianisme, bien que n'ayant pas porté ce dogme aux mêmes exagérations que l'islam, implique la révélation, c'est-à-dire un miracle, un fait tel que la science n'en a jamais constaté. Entre le christianisme et la science, la lutte est donc inévitable; l'un des deux adversaires doit succomber. »

On le voit, M. Renan s'énonce ici avec la solennité d'un concile. Mais, entre autres différences qui distinguent M. Renan d'un concile, il y en a une que nous voulons faire remarquer. Un concile fait toujours précéder ses canons de chapitres qui les expliquent; M. Renan, comme tous les docteurs de la libre pensée, prononce du haut de son infaillibilité des conclusions qui sont ses canons; quant aux chapitres, quant aux prémisses où se trouve la raison de ses affirmations, il ne nous donne nulle part le moyen d'en prendre connaissance. Personne n'a moins de respect pour la pensée d'autrui que les libres-penseurs.

Mais, en général, l'on ne réfute une conclusion que dans ses prémisses. Nous serons donc forcé de remonter, la logique nous en donne le moyen, à ces principes que l'on ne veut pas produire au jour, et d'en faire voir la vanité.

Au milieu de la phraséologie sans consistance du passage que nous avons cité, on peut remarquer une affirmation, une pensée qui au fond n'a rien d'indécis, c'est l'opposition du miracle et de la science, c'est-à-dire la condamnation définitive du miracle par l'unique juge de la vérité, qui est la science. Qu'est-ce, en effet, que le miracle, et qu'est-ce que nous révèle la science? La réponse à cette double question est contenue dans cette phrase : « L'histoire du monde physique et du monde moral nous apparaît comme un développement ayant ses causes en lui-même et excluant le miracle, c'est-à-dire l'intervention de volontés particulières réfléchies. » La première partie de cette proposition nous offre ce que M. Renan considère comme un résultat acquis de la science, et la seconde une définition du miracle tel que l'entend M. Renan. Le vague de l'expression n'a pu se dégager même de cette proposition fondamentale ; mais, avec quelque effort du regard, on arrive à y distinguer ces deux points : d'après la science, tous les phénomènes du monde ont leur cause dans le monde, et d'autre part le miracle serait un phénomène produit dans le monde par une cause extérieure au monde. D'où, la conclusion : le miracle est condamné par la science. Sous cette forme, nous avons, je ne dis pas l'objection scientifique contre le miracle, mais l'opinion concernant le miracle de la foule des écrivains qui, sans être savants, prétendent rejeter le surnaturel au nom de la science.

Pour s'en rendre bien compte et en apprécier la

valeur, il importe d'abord de savoir en quel sens on y prend le terme de *monde*. Le monde est l'ensemble des êtres qui tombent ou peuvent tomber sous les sens. Cette définition nominale, nous croyons avoir le droit de l'affirmer, exprime rigoureusement la pensée de tous les adversaires que nous avons à combattre en ce moment. Elle fait naître une question dont la solution intéresse essentiellement le surnaturel. On se demande aussitôt si cet ensemble des êtres que les incrédules scientifiques appellent le monde, comprend tous les êtres, ou si au-delà existent d'autres êtres d'essence différente. C'est, on le voit, une question de frontières: il s'agit de savoir si le contour du monde est tellement vaste qu'il n'y ait au dehors plus de place pour aucun pays, ou si c'est une simple limite entre des contrées voisines. S'il n'y a rien au delà du monde physique, il ne s'agit plus de parler de miracle : le surnaturel devient un non-sens.

Quelle est donc la réponse donnée par les incrédules à la question des frontières du monde? Elle est triple. Les uns, les radicaux du parti, affirment résolument que le monde physique est tout, et qu'au-delà il n'y a rien, absolument rien: on les appelle matérialistes. Nous dirons plus bas ce qu'il faut penser de cette affirmation.

D'autres, bien plus nombreux, disent que la région située au-delà du monde physique est absolu-

ment inaccessible à nos moyens d'investigation.
« C'est pour nous l'inconnu, prétendent-ils; nous
nous gardons bien de le nier ou de l'affirmer; nous
ne connaissons que le monde physique et nous ne
voulons parler que de ce que nous connaissons; l'*inconnaissable* est une donnée qui n'entre jamais dans
nos calculs. » Ceux qui parlent de la sorte sont les
positivistes. L'*inconnaissable* est une porte toujours
ouverte par où ils s'échappent devant l'accusation de
matérialisme. De fait, cette porte ne leur sert pas à
autre chose; ils repoussent avec non moins d'ardeur,
sinon avec autant de logique, que les matérialistes
avoués, l'intervention de l'*inconnaissable,* c'est-à-
dire de Dieu et des êtres spirituels dans les affaires
de ce monde. M. Renan, peut-être sans le vouloir et
sans s'en douter, est un vrai positiviste. Mais, poète
rêveur, il a cela de particulier, qu'il permet volontiers à son imagination de se promener mélancoli-
quement dans les régions de l'*inconnaissable* auquel
il ne croit pas. S'il parle du monde moral, il ne faut
pas se laisser prendre à cette expression volée par
mégarde chez le voisin : son monde moral à lui est
constitué par les êtres matériels, capables, d'après
lui, de produire ces phénomènes que l'on appelle
moraux et que l'on peut désigner sous le nom géné-
rique de pensées. Ce sont là des effets immédiats de
la matière tout aussi bien que le déplacement d'un
caillou que la vague roule sur la grève.

Enfin une troisième classe d'incrédules ne craint pas de rendre hommage à cette vérité que le monde physique n'est pas tout, et qu'au delà il y a les premières de toutes les réalités, l'âme et Dieu. Le monde moral n'est pas pour eux une expression vide, c'est la sphère des agents immatériels. En tant qu'il comprend l'âme, le monde moral est plongé dans le monde physique, dont il subit l'action et sur lequel il réagit. En tant qu'il comprend Dieu, le monde moral a produit et réglé le monde physique, mais une fois pour toutes.

Depuis ce moment solennel, Dieu ne peut plus rien sur le monde physique, qu'il a jeté dans les espaces en un lieu où son bras ne peut plus atteindre. Ces penseurs sont proprement les rationalistes.

Ce rapide exposé montre clairement que les trois classes d'incrédules ont chacune sa raison propre de rejeter le surnaturel. Les matérialistes suppriment le miracle, parce qu'ils en suppriment la cause ; les positivistes s'imaginent qu'il suffit pour arriver au même résultat de refuser d'avoir une opinion au sujet de cette cause ; les rationalistes reconnaissent une cause capable en elle-même de produire des phénomènes surnaturels, mais ils lui interdisent, pour une raison que nous dirons plus loin, d'en produire jamais. Les uns et les autres ont cela de commun qu'ils veulent rendre la science responsable de leurs affirmations. Évidemment la science ne tient pas à tous le même langage, et c'est là au moins une forte présomption qu'ils s'en seront laissé conter par quelque intrigante parée d'un nom usurpé ; car la science est absolument incapable d'avoir deux langages. La présomption va devenir certitude.

D'abord, vous, matérialistes, vous prétendez avoir appris de la science qu'il n'y a rien au delà du monde physique. Si vous êtes sincères, vous vous êtes laissé tromper. L'histoire a gardé le souvenir d'un sculpteur aveugle qui était fort habile en son art, et l'histoire n'a pas menti. Les contours d'une statue peuvent à la rigueur s'apprécier avec la main : un aveugle aidé du toucher, s'il a d'autre part les qualités de l'artiste, produira des statues qui ne seront pas sans mérite. Mais le toucher n'atteint pas les couleurs ; qu'aurait-on dit de l'amateur de peinture qui, pour prononcer entre deux tableaux de grands maîtres, s'en serait rapporté au jugement du sculpteur aveugle ? Au moins qu'il était distrait. Les matérialistes commettent précisément la même distraction, lorsqu'ils en appellent à la science pour prononcer sur les limites du monde physique.

Qu'est-ce, en effet, que la science pour eux ? C'est la connaissance du monde matériel. Comment se produit cette connaissance ? Par l'usage convenablement réglé des cinq sens, et par l'adjonction d'instruments destinés à faciliter ou à préciser l'usage des sens. La science, la seule que connaisse le matérialiste, regarde, écoute, palpe, flaire, goûte ; elle pèse, elle mesure, elle divise, elle groupe ; elle use du scalpel, du microscope, du télescope ; en un mot, elle a tout ce qu'il faut pour opérer sur des corps et pour les connaître ; mais elle n'a que cela ; à l'égard de tout ce qui n'est pas corps, elle est aveugle-née ; le sens qui est indispensable pour atteindre jusque là lui fait radicalement défaut. N'est-il pas souverainement ridicule de prendre une balance, un mètre, un réactif chimique, une lunette pour étudier l'âme et Dieu ? Que dirait-on du savant qui, après avoir tenté une expérience de cette nature, s'écrierait : je n'ai rien vu ? Certes, ce n'est point son insuccès qui prêterait à rire, mais la naïveté de son entreprise. La science n'a qu'une réponse correcte touchant cette grave question ; elle répond : cela ne me regarde pas. Donc les matérialistes ne sont pas le moins du monde autorisés à produire son témoignage en faveur de leur opinion ; car on est en droit de leur opposer avant tout une exception d'incompétence, comme on l'oppose au témoignage d'un aveugle sur les couleurs.

Les positivistes, sur ce point, ne sont pas d'un avis différent. Leur principe fondamental consiste à n'accepter comme démontré que ce que démontrent les sciences qu'ils appellent positives. Or ils s'abstiennent de se prononcer, comme nous l'avons dit, sur les limites du monde réel. Preuve indubitable que la science ne leur démontre absolument rien sur ce point. Leur tort à eux n'est pas d'étendre la science au delà de sa portée, c'est de prétendre que la science est l'unique voie de la certitude. Comment n'ont-ils pas vu que la réalité la plus constante et la plus irréfragable pour l'homme, c'est sa propre pensée et que cette pensée est absolument réfractaire à tous les moyens d'investigation de la science?

Le positiviste porte au dedans de lui, il est lui-même une protestation perpétuelle contre sa théorie, et il ne s'en aperçoit pas!

Il est donc maintenant acquis que la science ne dépose pas contre l'existence de causes surnaturelles; nous ne voulons pas examiner encore si elle ne serait pas condamnée à l'absurde, dans l'hypothèse où de telles causes n'existeraient pas ; son témoignage négatif nous suffit pour le moment. Ce n'est point en portant leur attention sur l'*inconnaissable*, qui peut-être n'existe pas, que les positivistes se croient en droit de condamner le miracle, c'est en s'appuyant sur les conditions du monde matériel. A cet égard, ils donnent la main aux rationalistes, qui ferment le monde au Dieu qu'ils admettent, parce que le monde ne comporte pas une telle ingérence. Les raisons sont les mêmes de part et d'autre, nous pouvons les réunir sous un même chef.

M. Jules Simon, l'un des plus célèbres rationalistes

de notre époque, a, dans un livre déjà ancien, exprimé en quelques mots la raison de cette exclusion. Il dit (*Religion naturelle*, 2° éd. p. 284): « Considérons la science : Sur quoi repose-t-elle ? Sur la *fixité* des lois de la nature... Mais si l'unité, l'immobilité, l'harmonie dominent à ce point la science, comment pourrait-on introduire dans le monde qu'elle nous révèle une volonté capricieuse, des mouvements désordonnés, des dérogations perpétuelles à la loi ? » Cette triple accumulation de substantifs désigne le miracle dans la pensée de M. Simon : il est juste de le faire remarquer, car le portrait est loin d'être fidèle. M. Littré revient sans cesse sur la même pensée : la science est impossible, si les lois de la nature ne sont pas immuables ; or le miracle, effet d'une volonté capricieuse, est en opposition avec cette immutabilité. Les libres-penseurs anglais, M. Stuart-Mill entre autres, ont une manière propre d'exprimer la même idée. Ils disent que la science est la faculté de prédire infailliblement les effets des agents naturels ; mais, si vous supposez que l'intervention d'un agent extra-naturel au milieu de ces phénomènes est possible, c'en est fait de cette faculté prophétique, l'événement cessant d'être certain à l'avenir. Tout cela revient à dire : qu'il n'y a pas de science, si les lois de la nature ne sont pas absolument immuables ; que le miracle contredit essentiellement cette immutabilité, et que, par conséquent, le miracle est impossible.

Expliquons-nous sur tout ceci. Mais qu'on nous permette d'abord une observation au sujet de cette dernière proposition que le miracle contredit la science. On le voit, la science est ici élevée à la hauteur d'un principe indiscutable : elle précède tout, elle domine tout. Nous croyons que cette position n'est pas légitime; car, au dessus de la science, il y a incontestablement la vérité. Nos adversaires font de la science un moule, où la connaissance devra être coulée et prendre une forme convenue à l'avance. Ils ont tort, la science n'est pas un moule, elle est un miroir; elle ne façonne pas son objet, elle réfléchit les objets tels qu'ils sont en eux-mêmes. Ce n'est qu'à cette condition qu'elle est la science : un miroir qui, par sa constitution propre, trouble les images qu'il reçoit, est un miroir faux; la science qui déforme la vérité n'est plus la science, mais l'erreur. Vous dites que, si les lois de la nature sont changeantes, il n'y aura plus de science. C'est le contraire qu'il faut dire; si les lois de la nature son changeantes, la science consiste à exprimer cette mobilité dans la connaissance, comme cela a lieu, tout le monde en convient, pour la science historique : l'erreur consisterait alors à constituer une science sur les principes des lois immuables. La science est dominée et réglée par son objet; il est indispensable de la considérer de ce côté, si l'on veut s'en faire une idée exacte. Dans la question présente, ce qu'il faut examiner c'est l'immutabilité des lois de la nature en elles-mêmes, indépendamment du rapport que cette immutabilité peut avoir avec la science. La science consiste ici à enregistrer la solution de cette question, qu'elle soit affirmative, qu'elle soit négative, n'importe : la science vraie n'est qu'à cette condition. Donc les lois de la nature sont-elles immuables? Voilà uniquement ce qu'il faut examiner pour apprécier l'objection qu'on prétend diriger contre le miracle au nom de la science. Nous demandons qu'il nous soit permis de réserver notre réponse pour la seconde partie de ce travail où sa place est mieux marquée. Ici nous nous contenterons de quelques considérations qui serviront au moins à dégager le terrain de la discussion.

Les positivistes sont particulièrement plaisants quand ils opposent fièrement au miracle la fixité, l'immutabilité des lois de la nature. Le principe fondamental de leur philosophie consiste à dire que la connaissance positive, la seule sur laquelle on doive et puisse faire fond, a pour source et pour mesure l'expérience : l'on sait ce qu'on explore par les sens ; le surplus est objet de doute invincible. Mais, y avez-vous réfléchi, messieurs les positivistes? est-ce que vous avez réellement exploré par les sens la fixité et l'immutabilité des lois de la nature? Quelle en est donc la couleur, la forme, la dimension, la dureté, la température? car c'est de telles propriétés que les sens rendent témoignage. Les sens atteignent le phéno-mène matériel présent. Quant au fait matériel futur, qui n'est pas encore; quant au lien ontologique des faits entre eux, quant à leurs rapports essentiels qui les appellent dans l'existence ou les en excluent à divers titres, quant à leurs lois et aux conséquences de ces lois, les sens sont aussi radicalement inca-pables d'en donner la moindre notion, que l'œil est incapable de flairer une rose, ou l'oreille de regar-der un paysage. Le fait est qu'en vertu de leurs prin-cipes, les positivistes n'ont le droit d'être sûrs de rien; car être sûr de quelque chose, c'est comprendre qu'il est impossible de se tromper au sujet de cette chose, et l'impossibilité n'est certainement pas un objet sensible.

Du reste, ils conviennent eux-mêmes de bonne grâce qu'ils n'ont que des connaissances relatives, c'est-à-dire vraies par supposition, ou, ce qui revient au même, des connaissances douteuses, ou, ce qui revient encore au même, des connaissances qui n'en sont pas. Les lois de la nature sont tellement fixes dans leur esprit, qu'il est parfaitement possible, dans leur esprit, qu'il n'y ait pas de loi du tout. Rien ne leur répond que le soleil se lèvera demain, qu'il ne donnera pas des ténèbres au lieu de lumière, que les fleuves ne remonteront pas à leur source, que le feu de leur cuisine ne se congèlera pas et que l'eau fraîche ne leur brûlera pas les entrailles. Bref, il n'est pas d'hypothèse extravagante qui ne soit justifiée par leur système et dont ils puissent se promettre de n'être pas eux-mêmes la triste réalisation. Et ce sont ces mêmes philosophes qui jettent feu et flamme au seul mot de miracle, parce que le miracle est une exception aux lois de la nature! Inutile d'insister davantage avec de tels adversaires.

Les rationalistes méritent plus d'égards. Leurs principes leur donnent le droit d'avoir une opinion sur les lois de la nature et les conséquences logiques de ces lois. Seulement personne n'a le droit d'avoir des idées fausses dans une matière sur laquelle on a le droit d'avoir des idées : les rationalistes outre-passent singulièrement leur droit au sujet des lois de la nature. Dieu est l'auteur de ces lois, ils en conviennent; bien plus, ils le prouvent. Voilà un premier trait, il est correct. En voici un deuxième qui n'a guère moins de mérite. Ils conviendraient volontiers, nous aimons à le penser, qu'ils n'ont aucun bon argument pour établir que Dieu ne peut supprimer ces mêmes lois[1]. Ce pouvoir est donc au moins probable. Mais Dieu ne pourrait-il pas rétablir ce qu'il a

---

[1] Les rationalistes sont bien forcés d'admettre la destruction successive d'une classe fort importante de créatures, celle des êtres vivants. Pour l'espèce humaine, c'est la coexistence du corps et de l'âme qui est successivement détruite. Or rien n'em-pêche d'admettre que cette destruction successive à la fin sera totale : l'induction astronomique même dépose en faveur d'un tel avenir. Mais la destruction des êtres, n'est-elle pas la des-truction de leurs lois ?

d'abord établi puis supprimé? Nous ne voyons pas comment on nierait ce point sans manquer à la logique et sans méconnaître les caractères essentiels de la toute-puissance. Les rationalistes nous suivent jusque là; mais aussitôt ils brouillent tout par ce trait inconcevable: « la suspension des lois de la nature est impossible; » ils ne voient pas que supprimer et rétablir est l'équivalent rigoureux de la suspension temporaire, de même que deux et trois d'une part et trois et deux de l'autre, sont au même titre l'équivalent de cinq.

Je sais bien qu'ils ont recours, pour se tirer d'affaire, à l'immutabilité des conseils divins. Mais, cet argument ne se rattachant que d'une manière indirecte à l'objection scientifique, nous nous contenterons de rappeler aux rationalistes que l'immutabilité des conseils divins s'accorde à merveille avec les changements les plus variés et les plus rapides dans les créatures qui sont l'objet de ces conseils. Les rationalistes admettent comme nous que les choses de ce monde sont réglées par l'immuable sagesse de Dieu, et ils voient comme nous que ces choses ne sont rien moins qu'immuables. C'est donc une bien faible ressource que l'immutabilité divine pour établir que le miracle est impossible parce qu'il est essentiellement une innovation, un changement.

Mais où les rationalistes manquent surtout à leurs

devoirs de philosophes, c'est dans l'idée qu'ils se forment du miracle. Aux yeux de M. Jules Simon, nous l'avons vu, le miracle a pour caractères : « une volonté capricieuse, des mouvements désordonnés, des dérogations perpétuelles à la loi. » Le vague et la multiciplité des expressions marquent assurément une pensée qui n'est pas sûre de soi[1]. Plus calme et plus respectueux des droits de la vérité, le philosophe aurait reconnu lui-même et presque sur le champ qu'aucun des traits décrits par lui n'appartient au miracle. On en sera facilement convaincu, si l'on veut bien faire avec nous les considérations que M. Jules Simon a malheureusement omises pour son propre compte.

Commençons par le dernier trait, celui « des dérogations perpétuelles à la loi. » Une loi soumise à des dérogations perpétuelles cesse d'être une loi : il suffit d'énoncer cela pour en voir l'évidente vérité. Or, le miracle suppose précisément la condition contraire : il n'y a pas de miracle, s'il n'y a pas de loi. C'est en effet parce qu'il contraste vivement avec la loi, qu'il est miracle, qu'il a sa signification propre,

---

[1] Avec un peu d'attention, il est facile de saisir, dans la pensée de l'incrédule, le moment où le trouble se fait, où la crainte de la vérité l'empêche de la regarder en face et le pousse, à la hâte, tout éperdu, vers une conclusion que de grossières et fausses apparences ont seules préparées et où il se cramponne avec force. Si M. Jules Simon nous affirmait qu'il a vraiment regardé en face les trois caractères qu'il attribue au miracle, nous prendrions la liberté de lui dire, que nous avons, pour le croire, une trop haute idée de sa pénétration.

c'est-à-dire qu'il témoigne de l'intervention d'un agent supérieur à la loi. Supposez que tous les morts, ou même seulement le plus grand nombre, ressuscitent dans les dix jours qui suivent le trépas, qu'y aura-t-il de merveilleux à ce que Lazare ressuscite le quatrième jour, ou le fils de la veuve de Naïm quelques heures après sa mort? Ainsi donc ce trait, loin d'appartenir au miracle, le détruit. Il y a eu certainement ici un peu de précipitation dans l'esprit du rationaliste, et la précipitation n'est jamais permise en matière si grave.

M. Jules Simon est-il plus attentif quand il parle de mouvements désordonnés à propos du miracle? L'une des plus grandes difficultés de la théodicée, il le sait bien, c'est la présence du mal, même physique, dans la création.

Les athées appellent catégoriquement cette présence un désordre, et M. Jules Simon, comme tous les théistes, ne disconvient pas que le mal physique ne fût en soi un désordre, s'il n'était ramené au bien par certaines conséquences accidentelles, ce qui veut dire que le mal physique est vraiment un désordre et qu'il rentre dans l'ordre en vertu d'une cause extérieure qui le domine. Maintenant, si nous nous rappelons le passage célèbre de l'Évangile : « les aveugles voient, les sourds entendent, les boiteux marchent, les lépreux sont purifiés, » d'abord nous y reconnaîtrons une énumération de maux physiques, c'est-à-dire de véritables désordres ; puis la disparition de tous ces maux physiques en vertu d'une cause extérieure, c'est-à-dire le rétablissement de l'ordre en plusieurs points. Or, tout le monde sait que ce passage contient le type de la plupart des miracles du christianisme. Le miracle est donc ordinairement une cause efficace d'ordre : que signifient alors « les mouvements désordonnés » de M. Jules Simon ? quelque désordre dans sa pensée, on a le droit de le croire. S'il mettait le désordre dans l'application d'un moyen qui n'est point préparé par la nature, cela reviendrait à dire, par exemple, que Notre-Seigneur aurait commis un désordre parce qu'il guérit la belle-mère de saint Pierre en la prenant par la main, au lieu de lui administrer du sulfate de quinine. De pareils arguments n'ont d'autre mérite que de faire rire. L'ordre, c'est la subordination des êtres, et l'ordre suprême, c'est la subordination de tous les êtres sans exception à leur auteur. Si l'ouvrier humain n'a pas un empire absolu sur l'œuvre dont il est l'auteur, c'est qu'il n'est auteur qu'en très petite partie, et que l'ouvrier suprême ne s'est point dépouillé de ses droits suprêmes.

Reste « la volonté capricieuse. » M. Renan, au contraire, on l'a vu plus haut, parle de « volontés réfléchies. » Les deux incrédules ne sont pas près de s'entendre l'un l'autre sur ce point. Se sont-ils compris chacun de son côté ? « Volonté capricieuse » et

« volonté réfléchie » conviennent également peu à la
notion du miracle. M. Jules Simon a l'air de se représenter le miracle comme l'acte d'un ouvrier qui,
après avoir conçu et fabriqué un instrument com-
pliqué, touche tantôt à une roue, tantôt à un ressort,
tantôt à une vis, tantôt à un levier, par jeu et par
désœuvrement : voilà le caprice. M. Renan semble
de son côté supposer que l'ouvrier, après avoir
exécuté son ouvrage, le regarde marcher, en vérifie
les mouvements, et que, remarquant un défaut, tantôt
en un point, tantôt en un autre, il s'ingénie à y porter
remède : voilà la réflexion. Dieu ne réfléchit pas,
parce qu'il sait tout par nature ; il n'a pas de caprice,
parce qu'il est infiniment sage. Or, le miracle s'accommode fort bien d'une telle science et d'une telle
sagesse. Ce n'est point un acte, par lequel Dieu se
ravise et retouche son œuvre.

L'ensemble du monde matériel n'est nullement
modifié par le miracle ; quelques individus seulement
en éprouvent les effets physiques, dont le retentisse-
ment sur toute la machine n'est pas appréciable. L'on
ne remarque pas assez combien cette majestueuse
machine est à la fois souple et solide. Les incrédules
la conçoivent comme un immense château de cartes
que la moindre chiquenaude, par exemple, la gué-
rison d'un aveugle, ferait crouler. Rien n'est plus
inexact. En veut-on une preuve sans réplique ? Les
individus naissent et meurent sans que la marche

générale de l'univers en éprouve la moindre déviation; les espèces mêmes disparaissent tout entières et la grande machine continue son mouvement aussi impassible que la locomotive qui vient d'écraser un ciron. Qu'un homme meure, puis ressuscite, elle en sera certainement aussi peu affectée que si, à la place de l'homme ressuscité, un autre homme était entré dans la vie par la voie ordinaire de la géné- ation.

Mais les conditions du miracle sont bien différentes par rapport au monde moral, c'est-à-dire à l'ordre humain. Là, il n'est plus un accident, il occupe une place importante. Dans l'ordre moral, il faut distinguer la part de Dieu et la part de l'homme. La part de Dieu comprend, parmi plusieurs autres éléments, les inclinations du cœur de l'homme, qui a, dans sa part, le pouvoir d'en user ou d'en abuser. L'une de ces inclinations est, avec le sentiment religieux, le besoin de croire à l'intervention de la divinité dans les affaires humaines. C'est là un fait qu'il serait déraisonnable de contester : l'histoire en porte le témoignage de tous côtés. On arrive sans doute à comprimer cette tendance, à se persuader qu'on l'a détruite en son propre cœur; mais, outre que ces efforts prouvent la réalité de ce que l'on veut détruire, il en reste toujours des racines rebelles à toutes les industries de la libre pensée; les plus incrédules, après avoir rejeté la foi au surnaturel, gardent toujours un coin de leur esprit ouvert à ce qui en est la hideuse contrefaçon ; les hommes les moins croyants sont d'ordinaire les plus superstitieux. Convenons donc que nous sommes portés par nature à croire au miracle. Mais l'objet d'une inclination naturelle est aussi bien dans l'ordre que l'inclination naturelle, car il serait contradictoire que le terme fût d'autre condition que la tendance, qu'un chemin fût tracé pour conduire n'importe où, même à son terme si par hasard il en avait un. Le miracle ne saurait donc être un accident, une exception dans l'ordre moral : il en est une partie intégrante.

Non, le miracle n'a rien de capricieux, il ne compromet rien, pas même le don de prophétie que les savants s'attribuent à si juste titre. Nous devons ajouter ce mot pour rassurer en particulier les positivistes anglais.

Il est parfaitement vrai que les sciences de la nature sont la connaissance des lois de la nature, et que cette connaissance permet de prédire avec certitude les effets des agents soumis à ces lois. Mais quelle est la formule précise et rigoureuse de ces prédictions ? La voici telle qu'aucun savant n'oserait la contester ou la récuser : « Un agent donné produit toujours un même effet, supposé qu'il se trouve dans des conditions rigoureusement identiques. » La flamme d'une bougie approchée d'une quantité quelconque de poudre à canon la met presque instantanément en combustion. Fort bien, mais il y a plusieurs conditions à cela. Entre autres, il est indispensable que la poudre soit sèche. Si donc un savant ne voit point une cartouche imbibée d'eau prendre feu au contact d'une allumette, il n'aura point la pensée d'attribuer ce fait à une révolte de la nature contre la science. Son savoir n'est nullement mis en désarroi, mais au contraire confirmé par cet événement, où, les conditions du phénomème prévu n'étant pas toutes présentes, ce phénomène ne devait pas s'accomplir. Or c'est là précisément ce qui a lieu dans tout miracle : les conditions du phénomène sont visiblement changées. Invariablement le miracle présente une condition sensible qui ne se rencontre dans aucun autre événement ; cette condition, c'est l'action même du thaumaturge rendue sensible de façons diverses. Si le savant se plaint alors que le phénomène prédit par lui n'arrive pas comme il l'a prédit, il a vraiment tort, car la prophétie avait certainement omis une condition qui se présente dans la réalité, à savoir l'action du thaumaturge. Il aurait dû dire, s'il avait voulu s'exprimer en toute rigueur : « les conditions ne sont pas les mêmes ; donc le phénomène sera également tout autre. » On voit que cette grosse difficulté sur laquelle les incrédules font beaucoup de fond, car la plupart d'entre eux n'ont pas d'autre raison pour déclarer la science et la religion incompatibles, cette grosse difficulté est à peine une toile d'araignée. Ainsi en est-il de la plupart des raisons où les libres-penseurs pendent leur incrédulité. N'est-ce pas pour cela que Satan est appelé *Belzébuth*, *le roi des mouches?*

II

L'univers est une grande énigme que la science cherche à deviner non sans bonheur. Pour faire comprendre l'explication qu'elle en donne aujourd'hui, nous emploierons une comparaison.

Rien de connu comme une montre : ce sont des roues engrenées dans d'autres roues et mises en mouvement par un ressort de telle sorte qu'une aiguille en tournant marque les diverses heures du jour. Une main sans doute a été nécessaire pour remonter, comme on dit, ce petit instrument, mais il n'en est pas moins vrai que, cette opération faite, tout dépend de l'élasticité du ressort et de la disposition convenable des pièces du mécanisme. Le mouvement engendré par la pièce principale peut, en se distribuant dans les diverses parties de l'instrument, prendre des formes diverses, marquer l'heure en un point, les minutes en un autre, en un autre les secondes, en un autre les saisons, les phases de la lune, le jour de l'année, sonner à des moments prévus, exécuter même de petits airs de musique. Une montre est le type de l'univers, qui est une montre immense.

Les rouages et les pièces de ce chef-d'œuvre d'horlogerie transcendante ne sont pas seulement ces globes que nous voyons tourner au-dessus de nos têtes avec un ordre et une précision si admirables : les moindres molécules de la matière tangible et de l'éther ont leur part active dans l'harmonie universelle. Toutes ces pièces sont engrenées les unes dans les autres, et obéissent à un même ressort. Ce ne sont point les instants successifs de la durée que marque cette horloge, mais les divers phénomènes de la nature physique. Ce qui se passe au ciel, sur la surface et dans les entrailles des planètes, les grands effets qui nous frappent de surprise et ceux qui sont au-dessous de notre attention ou de notre observation, la course régulière des astres dans les espaces, la chute d'une feuille,

> Le moindre vent qui d'aventure
> Fait rider la face de l'eau,

l'évaporation d'une goutte de rosée, tout, absolument tout ce qui commence et finit dans l'univers matériel, est un résultat ou une forme du mouvement de la grande machine. Il y a plus, tout ce qui a précédé dans le temps est pour quelque chose dans le phénomène important ou insignifiant que nous observons aujourd'hui; et ce même phénomène à son tour marquera désormais son empreinte sur tous les phénomènes qui suivront jusqu'à la fin des temps.

Cette conception, restreinte aux phénomènes purement matériels, est, croyons-nous, universellement adoptée par les savants. Mais d'autres faits encore s'accomplissent sur ce vaste théâtre, des faits dont la nature intime est d'un ordre tout différent, et qui cependant naissent au milieu des phénomènes matériels où ils jouent en un sens très vrai le rôle de causes et d'effets. Nous voulons parler, on l'a déjà compris, des phénomènes vitaux, c'est-à-dire, des phénomènes physiologiques et des phénomènes psychologiques. Or, l'on se demande si les phénomènes vitaux sont enchaînés dans les mouvements subordonnés de la grande montre, de manière à suivre mathématiquement un groupe d'antécédents mécaniques, pour devenir cause au même titre. La réponse n'est comprise qu'à la condition de se rendre compte des rapports qui existent entre les phénomènes matériels et les phénomènes vitaux.

Les phénomènes physiologiques ne sont autre chose que l'exercice des fonctions d'un organisme vivant. D'une part, ils se trouvent intimement mêlés, du moins dans la vie animale, aux phénomènes psychologiques. L'action de marcher, par exemple, est associée à la volonté de marcher qui semble en être le principe. Mais, si l'on fait abstraction de cet élément supérieur, ce phénomène se confond à première vue avec le phénomène purement matériel, et, sauf la perfection de la manœuvre, l'on ne voit pas en quoi le mouvement des jambes d'un organisme vivant diffère des mouvements des jambes d'un automate. Ainsi la partie matérielle du phénomène physiologique peut rentrer dans la série des mouvements enchaînés de l'univers, pourvu que l'on dégage suffisamment le phénomène psychologique dont il dépend. C'est sur ce dernier que la difficulté se concentre.

Il n'est pas douteux que l'organisme est indispensable à l'exercice des facultés de l'âme. Il y a tels phénomènes physiologiques qui sont au moins la condition des phénomènes psychologiques. Ainsi, par exemple, l'on ne voit pas, si la rétine n'est pas frappée et convenablement ébranlée par un rayon lumineux; l'on ne pense pas, si tel département du cerveau n'entre pas en vibration d'une certaine manière. Entre les deux séries de phénomènes associés, l'on comprend que les rapports puissent être divers: ou bien les phénomènes de l'âme sont de simples effets des phénomènes du corps, ou bien ceux-ci sont les effets de ceux-là, ou bien il y a parallélisme et harmonie entre les deux séries sans influence réciproque, ou bien il y a des uns aux autres échange d'actions et de réactions. Nous sommes ici sur les confins de la science, et l'on sait que les questions de frontière sont pleines d'incertitude. Les savants les plus sages, les vrais savants se gardent de s'aventurer dans ces régions mal définies. Leurs théories, n'embrassant que le monde physique proprement dit, doivent être accueillies avec tout le respect que mérite une œuvre de l'intelligence lorsqu'elle s'exerce dans la plénitude de ses droits. Mais tous ceux que l'on appelle savants ne procèdent pas avec la même sagesse. Oubliant que la science, dont les sens externes constituent l'unique moyen d'information, n'a point qualité pour se prononcer sur l'âme, ils ne craignent pas de soutenir que les opérations de cette cause extra-physique sont des effets des agents physiques. Plusieurs même vont jusqu'à soutenir que phénomènes physiques, physiologiques et psychologiques sont au fond une seule et même chose, des mouvements de la matière, et que la différence en est toute entière dans le point de vue où l'on se place pour en prendre connaissance.

M. Dubois-Reymond est l'un des plus connus parmi ces théoriciens téméraires. Voici comment il englobe tous les phénomènes de l'univers sous une même formule matérialiste. « L'on peut concevoir, dit-il (*Revue Scient.* t. xiv, P. 337), une telle connaissance de la nature qu'on puisse représenter tous les phénomènes de l'univers par une formule mathématique, par un immense système d'équations différentielles simultanées, d'où l'on pourrait, pour chaque instant donné, déduire le lieu, la vitesse et la direction de chaque atome de l'univers. De même que l'astronome peut prédire de longues années à l'avance le jour où une comète reviendra du fond de l'espace se montrer dans nos parages, de même cette intelligence (celle qui aurait trouvé la formule) pourrait lire dans son équation le jour où la croix grecque reprendra sa place sur la coupole de Sainte-Sophie et celui où l'Angleterre brûlera son dernier morceau de houille. »

Nous ne réfutons pas en ce moment, nous décrivons. Les phénomènes physiques sont les rouages de la grande montre, nous venons de le dire ; il nous reste à voir comment ils s'engrènent les uns dans les autres.

Une vérité tend à s'établir qui bientôt peut-être aura l'autorité d'un axiome ; on peut l'énoncer ainsi : tous les phènomènes du monde physique sont des formes de mouvement. Pour en comprendre le sens, il faut se rappeler que le mouvement a deux formes principales : il est sensible ou moléculaire. Le mouvement sensible est le changement de lieu d'un corps considéré dans son ensemble ; le mouvement moléculaire est le changement de leurs positions respectives subi par les molécules qui composent un corps. Or, l'on a constaté par des observations précises, que le mouvement sensible en disparaissant, donne naissance à une quantité de chaleur rigoureusement proportionnelle, et que cette même quantité de chaleur en s'éteignant donne naissance précisément à la quantité de mouvement sensible d'où elle était née. De là, on a conclu, avec une extrême vraisemblance, que la chaleur est un mouvement moléculaire déterminé par un mouvement sensible. Ce premier pas une fois accompli, les autres classes de phénomènes physiques devaient naturellement se ranger sous une conception analogue. Les calculs précis qui ont eu pour résultat de déterminer l'équivalent mécanique de la chaleur, n'ont pas encore été appliqués à toutes les branches de la physique, mais les analogies que l'on a constatées sont assez grandes et assez nombreuses pour que l'on ait le droit de considérer les phénomènes électriques, magnétiques et lumineux, comme des formes spéciales de mouvement moléculaire.

Dès 1843, W. Grove écrivait : « J'ai dit, relativement aux diverses forces ou affections de la matière, que chacune d'entre elles peut *médiatement* ou *immédiatement* produire les autres, et c'est tout ce que je puis me hasarder à affirmer d'elles dans l'état actuel de la science; mais, après beaucoup de réflexions, j'incline fortement vers l'opinion que la science marche rapidement vers la démonstration de relations immédiates ou directes entre toutes ces forces. » En d'autres termes, il sera bientôt acquis à la science que tous les phénomènes du monde physique peuvent se transformer en proportions rigoureuses les uns dans les autres. Nous croyons ne pas nous tromper en affirmant que Grove a été bon prophète et que sa prédiction n'est pas loin d'être pleinement réalisée. Il n'est peut-être pas de savant qui n'admette aujourd'hui cette proposition : tout dans la nature physique est forme de mouvement, et les phénomènes de la nature ne sont que des variations ou des transformations de ces formes. C'est ainsi que les rouages de la grande horloge s'engrènent les uns dans les autres.

L'idée de cette transformation amène naturellement l'idée de quelque chose qui se transforme, et par conséquent de quelque chose qui, changeant perpétuellement dans ses manifestations, reste au fond toujours identique. Ce quelque chose est assurément en soi inaccessible à nos moyens d'investigation, nous n'en connaissons que les manifestations extérieures. On l'appelle *force*, nom de cause, *mouvement*, nom d'effet. Mais, puisque cet inconnu persévère dans son identité, l'on a cru pouvoir en conclure que le mouvement ne se crée ni ne s'anéantit. C'est en ce sens que Montgolfier écrivait dès 1800 : « le mouvement ne peut pas plus être anéanti que créé. » Avec plus d'exactitude dans l'expression, Grove dit de son côté : « Plus nous étudions de près leur nature, plus nous sommes convaincus, *humainement parlant*, que ni la matière ni la force ne peuvent être créées ou anéanties. » Il ne serait pas difficile de recueillir beaucoup de citations équivalentes dans les physiciens contemporains.

Le lecteur se dira peut-être que nous sommes bien loin de la question des miracles. Nous ne l'avons pas cependant perdue un instant de vue, et ces détails étaient nécessaires pour apprécier justement la valeur de l'objection que l'on dirige, au nom de la science, contre la possibilité d'événements surnaturels. Le miracle, en effet, semble se présenter comme la production d'un phénomène qui n'est point contenu dans l'évolution des forces de la nature, il est constitué par une certaine forme de mouvement dont la cause est extérieure à la nature. Mais nous venons de voir que le mouvement n'est pas plus créé qu'il n'est anéanti. Donc il n'y a pas de miracle. Telle est l'objection scientifique ramenée à ses termes les plus simples et les plus clairs. Il y en a de plus difficiles à résoudre.

Commençons par marquer les limites du principe : « le mouvement ne peut pas plus être anéanti que créé. » Les savants, nous entendons ceux qui s'occupent de la science sans arrière pensée d'incrédulité, les savants se gardent bien de toucher dans leur proposition à la question d'origine ; ils se gardent bien de prétendre que le mouvement est éternel. Rien ne leur en donne le droit, et ce serait un empiétement bien malheureux sur la métaphysique. Ils considèrent les phénomènes tels que les leur offre l'univers dans ses conditions actuelles, sans s'occuper des *essences*. Grove ajoute à ses paroles cette restriction extrêmement sage : *humainement parlant ;* ce qui réserve les droits du créateur. Seguin termine la note qu'il a imprimée à la fin de l'ouvrage de Grove, intitulé : *Corrélation des forces physiques*, par ces mots que nous voulons rapporter intégralement. « Voir, comme nous le faisons M. Grove et moi, dans tous les corps, des assemblages divers d'une seule et même matière, dans tous les phénomènes, des mouvements imprimés à cette matière unique, n'est-ce pas rendre un hommage plus éclatant encore à l'unité et à la puissance créatrice, suivant la devise qui caractérise toutes les œuvres de Dieu : simplicité et économie dans les moyens, richesse et variété dans les résultats ! » Il faut donc entendre le principe dont nous nous occupons en ce sens que : depuis l'origine de ce monde visible, le mouvement ne se crée ni ne s'anéantit.

Mais, le miracle étant un accident dans le cours des choses, cette condition ne suffira-t-elle pas pour le rendre impossible, sinon essentiellement, du moins eu égard aux nécessités contingentes ?

Avant de répondre à cette question et pour y répondre, qu'on nous permette de rappeler un grand fait bien connu et non moins remarquable. Parmi les phénomènes dont nous sommes à chaque instant les témoins, il en est un très grand nombre dont l'homme est réellement la cause. S'il est possible de mettre en question la manière dont cette cause s'exerce, il n'est pas possible de méconnaître que son exercice est la source où le phénomène puise, je ne dis pas sa substance, mais son existence. La vue d'une ville, d'un champ cultivé, d'une usine, suffit pour rendre aussi évident que le jour ce que nous affirmons. Ce n'est pas tout, les phénomènes dont l'existence est ainsi déterminée par l'homme, entrent dans le courant immense des phénomènes purement naturels et y mêlent pour toujours leur influence. L'on a dit que les opérations humaines sont, aussi bien que l'écoulement des eaux, ou les variations de la température, des phénomènes enchaînés à d'autres phénomènes : c'est une affirmation plus que gratuite. Quoi qu'il en soit de la partie physique et matérielle de nos actions, il n'en reste pas moins indubitable que cet élément extérieur dépend d'un élément intérieur, et que celui-ci n'a rien à voir avec les phénomènes enchaînés. Pour lancer un caillou, comme pour bâtir un palais, nous concevons, nous voulons et puis nous exécutons ce que nous avons conçu et voulu. Concevoir et vouloir sont la cause de l'exécution, et, si l'exécution retombe plus ou moins sous les lois du monde physique, la conception et la résolution sont très certainement d'un ordre supérieur. Donc l'homme est très certainement la cause, le principe de l'existence d'une foule de phénomènes physiques. Nous pouvons regarder ce point comme solidement établi. Ajoutons que les matérialistes même le reconnaissent, lorsqu'ils ne songent pas à soutenir directement leur système.

Ceci posé, nous avons le droit de raisonner de la sorte. Ou bien l'homme, dans ses opérations extérieures, produit quelque quantité de mouvement; ou bien, la production d'un phénomène physique, par une cause extérieure à la série des causes physiques, n'exige pas la production d'une quantité quelconque de mouvement nouveau. Or, chacun des membres de l'alternative est également favorable au miracle, également ruineux pour l'objection.

Personne ne soutient que l'homme produise tout le mouvement qui constitue ses opérations extérieures. L'observation ne permet pas de douter que la plus grande partie de la force dont il dispose ne soit de la chaleur, ou du mouvement moléculaire converti en mouvement sensible. Les aliments sont en général le charbon qui donne sa puissance actuelle à cette machine à feu vivante. Mais la mesure précise n'a pas encore été appliquée à un tel sujet, et peut-être même ne pourra-t-elle jamais l'être. Il y a donc une petite quantité de mouvement, suffisante pour mettre en jeu tout le reste, dont l'origine n'est pas déterminée. C'est le coup de pouce, la détente d'un ressort, la pression d'un bouton qui livre carrière à des forces formidables, et là-dessus l'hypothèse a le champ libre. Si l'on admet que cette minime quantité de mouvement est réellement produite par le principe vivant, immatériel, et l'on en a le droit, dès lors il cesse d'être rigoureusement vrai, vrai sans exception, que le mouvement ne se crée pas : une brèche est ouverte par où le miracle pénètre avec la plus grande facilité.

La seconde partie de l'alternative consiste à dire que l'homme a une action réelle sur un grand nombre de phénomènes physiques sans produire toutefois aucun mouvement nouveau. Sa puissance est ainsi, non une puissance productrice, mais une puissance simplement directive. Il emprunte au courant des forces créées quelques unités, les combine suivant un ordre dont sa raison et sa volonté sont le principe et la règle, puis les abandonne à leur pente, mais avec une manière d'agir toute nouvelle qui désormais marquera sa trace dans l'évolution de l'univers. Cette conception de l'activité extérieure de l'homme est soutenue par plus d'un penseur. Ce qui tombe immédiatement sous l'efficacité de la volonté, ce n'est pas la force ou le mouvement dans ses éléments constitutifs, c'est sa direction. Comment se produit une telle action ? assurément nous ne saurions le dire ; la fécondité de toutes les causes sans exception est pour nous un mystère insondable, nous ne savons pas même comment le mouvement passe d'un mobile dans un autre. Nous savons seulement que le changement de direction est un accident qui ne mo

3.

difie pas le mouvement en lui-même. Seguin, que
nous avons déjà cité et qui a consacré sa vie à l'étude
des mouvements physiques, écrit ceci : « La force est,
par sa nature, essentiellement positive, *indépendante
de sa direction*, et l'on peut changer à volonté cette
direction sans rien lui faire perdre de son intensité,
ni au mouvement qui en est le produit. » [1] Ce qu'il
prouve aussitôt par un exemple. Il ne serait donc
pas nécessaire de produire un mouvement pour mo-
difier la direction d'un autre mouvement. Du reste,
le fait de l'activité extérieure de l'homme, de son
action efficace sur les phénomènes de la nature, c'est-
à-dire sur la matière en mouvement, est une vérité
au moins aussi certaine que le principe physique de
la conservation des forces. Donc, supposé que l'homme
ne soit pas une cause réelle de mouvement, il faut de
toute nécessité qu'il ait la capacité de le diriger.
D'où nous conclurons, avec toute la rigueur de la logique, que les conditions du mouvement sont parfaitement compatibles avec le miracle. Car, si l'homme,
avec son pouvoir seul de diriger, produit les merveilles dont nous sommes les témoins, des agents supérieurs à l'homme seront certainement capables
d'exercer un pouvoir directif plus grand encore et
par conséquent de faire des miracles.

Notre démonstration, avons-nous besoin de le dire?
est conçue dans l'hypothèse que Dieu s'astreindrait

---

[1] Note citée.

lui-même à respecter inviolablement le principe de la force.

Mais, il ne faut pas l'oublier, ce principe n'a rien d'absolu, d'essentiel, c'est une loi contingente, comme la matière dont il règle les évolutions. Il n'est point une déduction de vérités nécessaires telle que les théorèmes de la géométrie : il est la conclusion raisonnée de données expérimentales. Dieu, qui en est l'auteur, ne saurait en être dominé : il en est le maître souverain, comme de tout ce qui procède de sa libre volonté. Ajoutons qu'il a certainement assez de ressources dans sa sagesse, pour déroger à ce principe sans que l'ordre général en éprouve le moindre trouble, sans que le principe même cesse d'être rigoureusement vrai dans la série subséquente de ses effets.

III

Nous avons montré que le principe scientifique de la conservation ou de la constance de la force dans le monde physique peut se concilier avec le miracle, puisqu'il se concilie avec l'intervention de l'intelligence et de la volonté de l'homme dans les phénomènes de l'ordre matériel. Nous pourrions donc nous arrêter ici, car nous nous sommes proposé de prouver que l'on a vainement tenté de s'appuyer sur les théories des savants pour fermer l'accès du monde au miracle. Mais le fait que l'homme en tient la porte toute ouverte peut, en donnant au miracle un aspect assez inaccoutumé, jeter quelque trouble dans les esprits. Quelques considérations sont donc indispensables pour la clarté de la doctrine.

L'on définit quelquefois le miracle : un phénomène qui est au-dessus de la nature. Cette définition renferme une équivoque; car le mot « nature » est à double entente. Ce mot représente d'abord l'ensemble des propriétés qui constituent un être et qui le rendent apte à produire certain groupe d'actes déterminés, distincts de ceux qui sont propres à tout agent de nature différente. C'est en ce sens qu'on parle de la nature de la pierre, de la nature de l'animal, de la nature de l'homme, de la nature même de Dieu. Si l'on entend le mot « nature » de cette façon, et l'on en a parfaitement le droit, alors il faut admettre les deux points suivants: D'abord, il est clair qu'un phénomène est toujours produit par quelque nature ; sans cela, ce serait un effet sans cause, c'est-à-dire une impossibilité. Ensuite, rien n'empêche que deux agents de natures différentes, l'un supérieur, l'autre inférieur, ne concourent en vue d'un effet commun, et ne concourent efficacement. Or, dans ce cas, l'effet produit n'est pas supérieur à la nature de l'agent supérieur, mais il est au-dessus de la nature de l'agent inférieur. Ce sera donc un miracle, par rapport à celui-ci, et un phénomène naturel, conforme à la nature, par rapport à celui-là. Le charbon, le fer, l'eau et le feu, livrés à leur propre nature, n'auraient certainement jamais produit la lampe électrique : la lampe électrique est un miracle par rapport au charbon, au fer, à l'eau et au feu ; mais elle ne l'est pas par rapport à l'homme, car, en disposant des forces de la matière de telle sorte que le résultat a été la lampe électrique,

l'homme a déployé tout simplement les aptitudes de
sa nature.

Nous trouvons la même idée dans un écrivain anglais de grande valeur, W. H. Mallock. Qu'on nous
permette de reproduire ses paroles, extraites d'un
article intitulé *Faith and verification* et publié en
octobre 1878 dans le *Nineteenth Century*. Il est bon
de savoir que cet auteur est protestant mais professe
une haute estime pour l'Église catholique.

« Si le libre arbitre de l'homme est vraiment une
force dans la vie et si la nature est uniforme, il doit
être une force surnaturelle, agissant sur la matière
dont elle est essentiellement indépendante. Or, tout
logicien qui admet le pouvoir d'une telle volonté,
doit admettre non seulement la possibilité des miracles, mais admettre aussi le fait actuel de leur oc-
currence journalière. Tout acte de la volonté humaine
est, dans la rigueur des termes, un vrai miracle : seulement ce miracle a lieu dans l'étroite enceinte du
crâne. Les molécules du cerveau sont arrangées, dis-
posées d'une manière spéciale, par une influence
surnaturelle : leurs mouvements automatiques naturels sont suspendus ; une force distincte intervient
pour leur imprimer une direction. Sans doute dans
le langage ordinaire, le sens du mot miracle est plus
restreint ; mais, par rapport à la nature, c'est essentiellement la même chose. Ce que l'on appelle com-
munément miracles, ce sont des actes, non de la

libre volonté de l'homme, mais de la libre volonté de Dieu, qui dérange les mouvements automatiques de la matière hors du crâne, de la même façon que la libre volonté de l'homme dérange les mouvements automatiques de la cervelle sous le crâne. Une fois la libre volonté de l'homme reconnue, l'impossibilité et même l'improbabilité du miracle s'évanouissent.

« La science a projeté sur cette question une lumière infinie et inattendue. Si les faits ont la signification que je crois, lorsque j'affirme que je lance une pierre parce que j'ai choisi de la lancer, ou que j'arrête une pierre qui roule, parce que j'ai choisi de l'arrêter, j'ai introduit, dans l'univers matériel, en agissant ainsi sur la matière, un désordre de nature exactement le même, sauf pour les dimensions, que celui que produisit Josué en arrêtant la lune au-dessus de l'Ajalon. »

Ainsi, répétons-le, car ce fait est décisif dans la question, l'homme emprunte au courant des mouvements de l'univers quelques-unes de ses unités, il les utilise, leur donne pour quelques instants la forme qu'il lui plaît, puis il les abandonne à leur propre pente. Il n'est pas facile de dire comment s'opère cette prise de possession, mais la nier, c'est nier l'industrie, c'est nier les arts, c'est nier la science, c'est nier l'homme lui-même. Nous savons que l'incrédulité savante ne recule pas toujours devant une conséquence aussi absurde : laisser à l'homme son indépendance et sa domination sur les autres êtres, c'est affirmer le miracle ; qu'il ne soit donc plus, dans la machine brutale du monde, qu'un rouage semblable à tous les autres, au caillou, au soliveau, sauf en ce qu'il a la sotte naïveté de s'attribuer un rôle supérieur. Mais nous savons aussi que cette opinion n'a pas de bien profondes racines, et que ceux qui la cultivent avec le plus de zèle l'arrachent promptement lorsqu'il s'agit de défendre leurs droits de paternité sur leurs œuvres, le mérite de leurs découvertes. La série des mouvements enchaînés n'a plus alors de vertu, c'est leur travail, leur talent, leur génie qui a tout fait. Tant il est vrai que la vérité est plus forte que l'esprit de système !

Entre l'homme et Dieu y a-t-il des êtres plus grands que l'homme et moindres que Dieu ? La science n'en sait rien, n'en peut rien savoir et par conséquent n'a pas le droit de le nier. Si ces êtres, qui sont les anges, existent, d'abord il n'est pas douteux qu'ils ne sont pas compris dans la série des phénomènes mécaniques dont se compose notre univers. La raison en est bien simple : ils sont immatériels, et le mouvement matériel ne peut se trouver en un sujet qui n'est pas matière. En second lieu, ils exercent leur action sur la matière qui de son côté ne peut les atteindre. En effet, la création est une œuvre essentiellement ordonnée, et l'ordre parmi les êtres capables d'action. exige que les inférieurs soient soumis à l'action des supérieurs. Il faut ou nier l'ordre, ou accorder cette subordination. C'est la raison même donnée jadis par les scolastiques : nous pensons qu'elle a gardé toute sa valeur en vieillissant. Du reste, ce que l'on est en toute hypothèse obligé d'admettre, c'est que l'existence d'êtres supérieurs à l'homme et capables d'agir sur la matière, est une chose possible. Rien n'empêche de supposer que leur action est purement directive, qu'ils ne créent rien, non pas même une unité de mouvement. Mais, de même que toutes les énergies du monde livrées à elles-mêmes pendant des siècles sans fin n'auraient pas pu produire le premier vers de l'Iliade, ni même le frontispice de l'Almanach Liégeois, lesquels sont de vrais miracles par rapport à la nature physique, et des miracles produits par la direction de l'homme imposée aux forces de la nature physique ; de même les effets qui résultent de la direction imposée par les anges à cette même nature, à celles de la nature animale et de la nature humaine, sont supérieurs à tout ce que peuvent les natures inférieures, depuis l'élément matériel jusqu'à nous : ce sont des miracles surnaturels et surhumains. Or, pour le dire en passant, s'il ne nous est pas facile de donner de l'existence des anges une preuve directe, dès que des faits surhumains, dont Dieu n'est pas l'auteur, sont constatés, il devient expérimentalement certain qu'il y a d'autres créatures au-dessus de nous, que les anges existent.

Ce que les hommes peuvent, ce que les anges peuvent, Dieu le peut ; il peut mettre en jeu les forces qu'il a créées, mais de telle sorte que l'effet produit dépasse la puissance de la nature physique abandonnée à elle-même, ou bien dirigée par la nature humaine ou par la nature angélique. Il suffit d'énoncer une telle vérité pour montrer qu'elle s'impose à la raison. Ainsi, sans toucher à la constance relative de la somme des énergies qui animent l'univers, la raison est encore forcée d'admettre au-dessus des effets surnaturels et des effets surhumains, des effets surangéliques, des miracles divins. Cette conclusion n'est qu'une application du principe de mécanique en vertu duquel chaque force concourante a son effet total dans la résultante, complétée par ce fait d'observation que cette même résultante porte essentiellement l'empreinte de la cause directrice, soit que cette cause soit une force au sens mécanique du mot, soit qu'elle ait une action d'espèce toute différente.

Ainsi le seul fait de la présence d'agents de nature différente dans l'univers rend le miracle, entendu au sens relatif, presque nécessaire et, si l'on peut le dire, tout à fait naturel. A moins de parquer les agents en des compartiments réciproquement infranchissables, les phénomènes relativement surnaturels ont leur place dans le cours naturel des choses, aussi bien que les phénomènes dont l'origine est sans mélange. Cette considération qui, on le voit, est fondée solidement, c'est-à-dire sur la vérité, a cependant un défaut : elle semble ôter au miracle son auréole, en l'abaissant, pour ainsi dire, à la vulgarité des événements les plus communs. Ceci est une difficulté de famille, où les incrédules, dûment réfutés, croyons-nous, par ce que nous venons de dire, n'ont rien à voir. Nous la résoudrons plus loin, mais nous devons d'abord examiner un autre sens du mot et l'aspect particulier qu'il donne à la doctrine.

Le mot *nature* est souvent pris en un sens collectif pour signifier tous les êtres de la création sensible, qui constitue alors comme une sphère distincte de celle de Dieu et des êtres purement spirituels. Nous n'avons pas à examiner les merveilleux attributs dont les langues humaines gratifient la nature, lorsqu'elles ont peur du nom de Dieu.Ce sont en général des métaphores creuses qui,en amusant l'oreille,font oublier à l'intelligence les lois de la pensée. La nature n'est rien en dehors des êtres dont elle est la somme et de leurs actions réciproques,sinon un mot.Pour en étudier le rôle réel, il faut étudier le rôle réel des êtres et des actions dont elle est la somme. Un phénomène produit en dehors de la nature ainsi entendue serait assurément un miracle. Mais un tel phénomène est-il possible ? Assurément Dieu, qui a créé tous les êtres qui existent hors de lui, qui leur a donné les puissances par lesquelles ils agissent, peut directement donner l'existence à chacun des phénomènes que chacun de ces êtres a la capacité de produire, il peut leur donner l'existence sans le concours d'aucune cause distincte de lui. Et, comme sa puissance s'étend à la fois sur les uns et les autres, il peut les produire tous à la fois, autant du moins que l'existence des uns est compatible avec l'existence des autres ; il peut, sans l'univers, tout ce qui se fait dans l'univers. Il peut infiniment plus encore, car l'univers est borné et sa puissance ne l'est pas. Tout cela est rigoureusement vrai, si l'on considère la puissance de Dieu en elle-même ; mais Dieu lui-même n'a-t-il pas librement limité l'exercice de sa puissance en créant le monde dans telles et telles conditions ? La production directe d'un phénomène sans le concours d'un être créé ne serait-elle pas en contradiction avec ce qui est ?

Ce n'est pas précisément la pensée de Dieu et de son existence qui paraît importune à beaucoup de personnes, mais bien celle de son intervention dans nos affaires, de sa Providence. Aussi, l'on consent volontiers à lui laisser créer le monde une fois pour toutes, pourvu qu'après cela il se retire dans son éternité et ne s'occupe plus de nous, ni de ce qui nous regarde de près ou de loin. Ce que beaucoup souhaitent, beaucoup s'imaginent le croire. Un déploiement nouveau de la Toute-Puissance ne rencontre pas d'autre contradiction que cette croyance de la volonté, contradiction morale et non ontologique. Or, rien n'est plus facile que de dissiper une telle difficulté et de la dissiper scientifiquement. Un grand fait s'est accompli depuis la création première, dont Dieu seul est l'auteur. Nous voulons parler de l'apparition sur la terre des êtres vivants. Il est maintenant scientifiquement démontré que, pendant de longs siècles, le monde n'eut d'autre règne que le règne minéral ; il n'est pas moins incontestable que la vie n'a pu sortir des minéraux, qu'il n'a fallu pour la produire rien moins qu'un acte créateur. Que l'on soutienne, si l'on veut, que les plantes et les animaux sont, en ce qui concerne l'organisation, des combinaisons nouvelles d'énergies déjà existantes, nous ne voulons pas y contredire ; mais la vie, cette flamme, cette puissance qui dirige, qui utilise les énergies d'un organisme et en règle l'évolution, est une force sans analogie dans le règne physique, une force substantielle qui n'existait pas et que le créateur introduisit dans l'existence le jour qu'il fit paraître sur la terre, ce qui en est la gloire, les êtres animés. Donc, la puissance créatrice ne s'est point emprisonnée elle-même dans son repos éternel, après en être sortie une seule fois, et rien ne nous autorise à croire qu'elle ne se manifestera plus par des phénomènes dont la nature ne contient pas la cause.

Les miracles proprement dits sont des manifestations de la cause créatrice, des œuvres proprement divines. Comme nous venons de le remarquer, ces miracles ne supposent pas essentiellement une infraction à la constance de la somme des énergies de l'univers. La résurrection d'un mort, par exemple, que le Créateur peut seul opérer, se comprend fort bien si l'on suppose dans l'organisme une simple réorganisation des forces qui déjà s'y sont rencontrées. A cet égard, le phénomène peut s'assimiler à celui qui a lieu lorsqu'un nouvel être vivant entre dans la vie par la voie ordinaire de la génération. La *réunion* du principe vivant et de l'organisme, en quoi consiste vraiment, dans le cas d'une résurrection, le miracle divin, ne tombe pas sous les conditions du mouvement et de ses lois.

Mais la production d'un phénomène dans les conditions que nous venons d'examiner successivement, suffit-elle à la notion du miracle? La réponse à cette question peut être double. Si l'on considère le miracle en lui-même, dans son essence, en tant qu'il est effet de sa cause efficiente, assurément ce que nous avons dit doit suffire, et les objections d'une science mal digérée nous semblent ainsi pleinement résolues. Mais, si l'on ne s'en tient plus seulement à l'essence du miracle, si l'on envisage le côté moral, la fin, la signification, notre description réclame un complément.

Le miracle, suivant le langage expressif de l'Écriture, est un *signe*, c'est-à-dire un moyen sensible par lequel Dieu révèle à l'homme sa présence et son action actuelle. Or, ce caractère suppose nécessairement que le miracle est une œuvre extraordinaire non moins que surnaturelle ; extraordinaire pour exciter l'attention, surnaturelle pour marquer son origine. Le miracle est donc une exception, non pas à tout ordre, ce qui serait absurde, mais à cet ordre que nous allons dire.

Les phénomènes qui se produisent *ordinairement* dépendent du concours de plusieurs agents naturels et même sensibles : le monde visible n'est pas autre chose que l'ensemble ordonné des agents matériels, animés ou inanimés, de leurs opérations et des phénomènes qui en résultent. Il y a des causes secrètes qui déterminent ce concours d'agents spéciaux pour produire des phénomènes spéciaux, sans quoi le mélange confus de tous les agents enfanterait le chaos au lieu de cette belle ordonnance qui a mérité au monde son nom. Certaines influences mystérieuses rapprochent les êtres des divers règnes et unissent leurs aptitudes diverses et harmoniques pour un effet commun. Ce n'est point par hasard que le vent pousse une graine sur un peu de terre végétale, que la chaleur, l'humidité et la lumière y versent tour à tour quelque chose de leurs trésors pour permettre à cette graine de parcourir toute la série de son évolution ; le vent, la pluie, la lumière, la chaleur, les éléments de la terre végétale même et la graine obéissent à une loi très flexible, mais très efficace pour garantir, si l'on peut ainsi dire, à notre planète la somme de végétation qui lui a été mesurée. Une force moins cachée est celle qui groupe les agents doués de sensibilité ; c'est l'instinct, dont l'homme même est, malgré ses résistances apparentes, ordinairement le serviteur. Mystérieux dans sa nature, l'instinct se laisse étudier dans ses effets, et on le voit conduire sûrement les animaux aux fins les plus variées, s'en servant tantôt pour restituer aux trésors du règne minéral les emprunts contractés par les êtres vivants, tantôt pour distribuer sur la terre et pour conserver les espèces végétales, et toujours préparant avec certitude les conditions de l'exercice de leurs fonctions parmi les êtres animés. Inutile d'insister sur ces merveilles dont la science n'a découvert encore que la minime partie, et que l'on ne remarque pas sans une étude sérieuse et soutenue.

Si la raison de cette loi n'est pas familière au commun des hommes, tous en constatent spontanément les premiers résultats dans une foule de cas ordinaires. Nous sommes habitués à voir les agents de la nature combiner leurs opérations par groupes spéciaux et donner ainsi naissance à des phénomènes spéciaux. C'est là le cours des choses, cours uniforme et tranquille, dont le spectacle se déroule perpétuellement sous nos yeux, sans produire en nous la moindre émotion, parce que rien n'en dérange la surface. Mais qu'un flot s'y soulève, qu'une anomalie se produise dans le concours des agents, ou dans les caractères du phénomène, que l'un des agents ordinaires fasse défaut et produise une lacune dans le concours des causes sans que le résultat soit altéré, que le phénomène soit tout différent de ceux que nous avons l'habitude d'observer, alors notre attention est soudainement saisie, nous sommes étonnés, et nous sommes forcés de reconnaître la présence et l'action d'un agent extraordinaire.

En général, c'est l'anomalie dans le concours des agents qui tire vivement l'homme de son indifférence. Faisons comprendre cela par un exemple. En plein hiver, au milieu des bois, un voyageur aperçoit une madone dont le vent a étoilé de neige la niche rustique; il s'approche et voit aux pieds de la vierge un bouquet de roses fraîchement épanouies; alors, comme les Hébreux à la vue de la manne qui tombait du ciel, il se dit à lui-même: « qu'est-ce que ceci ? » Puis, la réflexion aidant; il raisonne de la sorte : « Pour faire épanouir des roses, il faut une température douce ; or, cet agent fait évidemment défaut en ce lieu glacé. Il est vrai qu'en cette saison il y a des serres où les roses parviennent tant bien que mal à s'ouvrir; mais ces fleurs n'ont pu se transporter d'elles-mêmes aux pieds de cette madone. Voyons: s'il est quelque pieux fidèle qui ait apporté ici les témoignages de sa vénération, il aura laissé des vestiges : or, sur la nappe de neige immaculée, je n'aperçois d'autre trace que celle de mes pas. Encore une fois, qu'est-ce donc que ceci? » Voilà comment l'absence des causes naturelles d'un phénomène, absence et phénomène très facilement constatés, fait crier au miracle. Le miracle des roses nous a été rapporté par un homme qui assurait en avoir été témoin : nous n'en garantissons pas autrement l'authenticité.

Plus rarement, c'est dans le phénomène que se remarque d'abord l'anomalie. Un convoi funèbre traverse la place publique. Un homme de Dieu le rencontre. Il s'approche du cercueil, et, au nom du Maître de la vie, commande au mort de se lever : le mort se lève, il parle, il est vivant. Un mort ressuscité, voilà, certes, un phénomène qui sort tout entier de l'ordre de la nature. S'il y a un concours d'agents naturels qui, sous certaines conditions, appelle infailliblement la vie dans un ensemble déterminé d'éléments matériels, il n'y en a pas qui la rende à cet organisme une fois qu'il l'a perdue. Ici, le témoin n'a pas besoin de chercher quel élément fait défaut : le phénomène parle de lui-même et, contrastant d'une manière absolue avec tout ce que produit la nature, s'impose à l'admiration et se proclame miracle.

Ce qui ne frappe pas moins le témoin du miracle, c'est la manière dont le thaumaturge le produit et par où il se distingue totalement des agents physiques. Tout ce qui s'accomplit naturellement sous nos yeux est l'effet d'actions réciproques de la matière sur la matière, ce sont des mouvements communiqués et reçus, des mouvements qui naissent de mouvements qui précèdent et qui s'éteignent dans des mouvements qu'ils engendrent, ce sont des phénomènes dont le temps est avec l'espace une condition essentielle. Rien de semblable dans le miracle : le phénomène s'accomplit à l'ordre du thaumaturge, instantanément, absolument comme si les forces brutes qu'il met en jeu étaient douées d'intelligence, de volonté, et de la docilité la plus parfaite. Le thaumaturge se fait obéir par des agents naturellement incapables d'obéir, incapables de recevoir un ordre et de s'y conformer ; il entre en participation de la puissance admirable que le psalmiste décrit par ces deux mots sublimes : *dixit et facta sunt.* Nous en avons un exemple saisissant dans la tempête apaisée : *Imperavit ventis et mari et facta est tranquillitas magna.* Entre le thaumaturge et les agents physiques une puissance intervient-elle pour les soumettre à son commandement, *ad nutum*, comme parle saint

Thomas ? ou bien existe-t-il certaines conditions qui placent immédiatement ces mêmes forces brutes sous la direction complète de l'être intelligent ? Nous ne saurions répondre à ces questions. Mais, quelle que soit au fond l'essence de ce pouvoir qui commande en maître à la matière, les hommes ne peuvent en voir la manifestation sans être forcés par l'évidence la plus irrésistible de confesser que la nature n'a jamais rien offert de semblable à leur observation et qu'un phénomène accompli dans de telles conditions est très certainement surnaturel.

Résumons-nous brièvement. Le miracle est une conséquence nécessaire du concours d'agents qui diffèrent entre eux d'ordre et de nature ; car le phénomène qui résulte de ce concours est évidemment supérieur aux capacités des agents concourants de nature inférieure et par conséquent rigoureusement surnaturel par rapport à ces agents inférieurs. Pour nier le miracle avec quelque logique, il faut, ou bien nier l'existence de ces agents de natures diverses et subordonnées, ou bien nier que leurs opérations puissent se subordonner en vue d'un effet à produire. Or, il est un fait patent comme le jour, qui ôte à ces deux négations tout fondement raisonnable, c'est le fait de la nature humaine mettant en œuvre les agents de la nature brute et même de la nature vivante pour produire des effets incontestablement très supérieurs à ceux que produisent ces natures inférieures laissées à elles-mêmes. L'homme fait véritablement des miracles, si l'on compare ses opérations extérieures à celles des agents placés au-dessous de lui.

Le rôle de l'homme dans le monde physique prouve donc expérimentalement que les agents de natures diverses peuvent unir leurs opérations, et que de ce concours résulte un phénomène miraculeux par rapport aux agents de nature inférieure. Donc, la subordination des agents divers, depuis l'élément matériel jusqu'à Dieu, appelle nécessairement le miracle.

En vain objecte-t-on que la constance des énergies de la nature proteste contre la possibilité du concours des causes immatérielles avec les forces physiques ; que cette constance, qui est un dogme scientifique, serait troublée si un seul miracle avait lieu en vertu d'un tel concours, parce que le miracle serait en partie un phénomène physique sans antécédent physique, et par conséquent ajouterait quelque chose à la somme des énergies. L'homme avec son activité propre est encore là pour démentir cette prétendue incompatibilité d'un phénomène sans antécédent physique avec la constance des énergies de la nature. Il agit de mille manières et avec une pleine liberté, c'est-à-dire, sans que ses déterminations aient un antécédent physique : il en est le principe indépendant ; et il agit de telle sorte qu'une foule de phénomènes physiques lui doivent d'exister, sinon dans leur fond, du moins dans leur forme. Si l'on doutait ici de l'importance de la forme, que l'on compare un palais, œuvre de l'homme et de la nature, à une carrière, œuvre de la nature toute seule. Donc, ou bien il faut dire que l'homme agit par une puissance directive qui donne naissance aux phénomènes sans rien ajouter à la somme des énergies; ou bien il faut convenir que la somme de ces énergies, accrue de quelque quantité par l'activité de l'homme, n'est pas absolument constante. La doctrine du miracle s'accommode également bien de l'une ou de l'autre corne du dilemme. Ce qui prouve que, pour tourner contre le miracle la proposition de la constance des énergies, il faut n'en comprendre ni les limites, ni même la signification. La naissance des mouvements est un grand mystère, et c'est faire preuve au moins de naïveté que de chercher une objection dans un mystère.

Ces considérations suffisent amplement pour montrer que le surnaturel est la chose la plus naturelle du monde. Les natures supérieures font naturellement et essentiellement leurs opérations, et elles ne cessent pas d'être natures pour être supérieures. Mais, parmi ces opérations, il en est qui sont ordonnées pour manifester spécialement la volonté divine, ce sont les miracles proprement dits, des œuvres qui excitent l'étonnement et l'*admiration* parce qu'elles sont *extraordinaires*. Elles sont extraordinaires, ou bien parce qu'elles constituent un phénomène ordinaire qui prend naissance malgré l'absence évidente de l'un ou de plusieurs de ses agents ordinaires, par où il devient évidemment extraordinaire ; ou bien, parce qu'elles constituent un phénomène que nul agent ordinaire n'a le pouvoir de produire ; ou bien enfin, parce qu'elles mettent en jeu les agents ordinaires, d'une manière évidemment extraordinaire, c'est-à-dire par des voies que leur nature ne connaît pas. A ces marques, il n'est pas possible de ne pas reconnaître l'intervention d'un agent supérieur à la nature physique et à la nature humaine. C'est ainsi que le miracle proprement dit, qui est une application rigoureuse de la loi essentielle des causes et de leur subordination, déroge cependant aux lois visibles, c'est-à-dire, à l'ordre extérieur des causes physiques.

Ajoutons en finissant une observation qui a son importance. L'influence des ennemis du surnaturel, influence malheureusement inévitable, a pour effet de déformer en nous et à notre insu la notion exacte des rapports du monde avec Dieu. Si l'on n'y prend garde, l'on en vient à considérer le monde presque à leur manière. Comme eux, l'on voit en Dieu un ouvrier, et, dans le monde, une machine construite par lui. Et, de même qu'une machine vulgaire, une fois construite, remplit ses fonctions indépendamment du constructeur, l'on s'imagine volontiers que la machine du monde, une fois sortie des mains du Créateur, accomplit son évolution uniquement par sa propre vertu, c'est-à-dire par le moyen de l'impulsion qu'elle a reçue et par le jeu automatique des diverses pièces qui la composent. Voici en quoi l'on s'éloigne des rationalistes, et l'on espère rester dans la vérité. — Dieu n'a pas absolument perdu le droit de toucher à sa machine, mais il n'en use qu'avec la plus extrême réserve, en de très rares circonstances et s'il en est fortement prié. Ordinairement il se contente de regarder de fort loin le mouvement de l'univers.

Rien n'est plus faux que cette conception. En aucune de ses parties, en aucun instant de sa durée, la création n'est indépendante du Créateur. Nous sommes infiniment moins maîtres de nos pensées et de nos déterminations libres, que Dieu ne l'est des phénomènes du monde, depuis les mouvements des astres jusqu'aux vibrations des molécules innombrables de la matière universelle. Dieu est hors du monde en ce sens que le monde est distinct de lui ; mais il n'est pas hors du monde en ce sens qu'il est en un lieu et le monde en un autre. Le monde est plongé en Dieu pour recevoir à chaque instant de lui l'être et l'agir. Les phénomènes qui s'y accomplissent ne sont pas moins l'œuvre de la puissance divine que celle des agents naturels. Mais leur forme sensible dérobe à nos esprits l'action de Dieu. L'habitude nous enveloppe comme d'un brouillard qui nous fait oublier le divin soleil. Le miracle déchire le voile pour les yeux sains, et les illumine un instant d'un rayon de Dieu.

2434. — ABBEVILLE. — TYP. ET STÉR. GUSTAVE RETAUX.